TRAUMATOLOGIE

Michael Bahn

AF286972

Michael Bahn, geboren 1981, arbeitet an der Universität Koblenz-Landau, Campus Landau, wo er in der Literaturdidaktik und Literaturwissenschaft lehrt. Seine Arbeitsfelder sind u.a. die Kinder- und Jugendliteratur der DDR sowie künstlerische Transformationsprozesse und deren Einbindung in den Deutschunterricht.

Nach seinem Studium der Literatur-, Sprach- und Religionswissenschaft entwickelte er im Rahmen seiner Dissertation die Theatrale Lyrikuntersuchung (TLU) mit dem Ziel der Umwandlung lyrischer Strukturen in theatrales Spiel.

Daran anknüpfend entstehen in der Zusammenarbeit mit Anke Ulbrich unter dem Dach der von Michael Bahn begründeten Initiative *Die Theatrale* kleine künstlerisch ausgerichtete Lehr-Lern-Projekte. So finden sich dort u.a. Informationen zur Lernplattform *Gedankenskizzen*, zum Filmprojekt *Lebe mit einem Buch* oder zu der Animal Studies aufgreifenden Hörproduktion *Das Leben der Tiere*.

Weitere Informationen und Kontakt zum Autor erhalten Sie unter:

www.die-theatrale.de
facebook.com/DieTheatrale
instagram.com/roy_the_adventurer
youtube.com/user/MichaelBahnMA

Meiner Familie

&

den Freund*innen der Theatrale zugeeignet.

Es gibt Texte
die geschrieben werden müssen
weil sie im Menschen brennen.
Egal wie sehr man sich dagegen wehrt
sie rauschen aufs Papier
&
knistern dort
in Worte gegossen.

Die Traumatologie ist ein solcher Text.

Sie musste geschrieben werden.
Aber
sie möchte ... sie kann nicht gemocht werden.
Vielmehr schreit sie
nach
Widerspruch
Empörung
&
Ablehnung.

Mit dem Ende dieses Textes endet eine Suche nach Form
&
so konnte alles nur geschrieben werden
wie es geschrieben wurde.

SEIN & WERDEN

Simon Brand
stirbt
langsam aber unaufhörlich
mit jeder Sekunde ein wenig mehr

Seelengleiten
tiefer
herznah
letzter Rückzugsort aller Sterbenden
.
.
.
schwer hebt
& senkt sich
der Brustkorb des alten Mannes
.
.
.
Zeit
Friedenswärme
Todeskälte
schauern
über zerfurchte Haut
bis in die kleinsten Falten

ein Hauch Dunkelheit

Dämmern
Schatten
Licht
letztes Licht

Zwielicht

.

.

.

Hände ruhen
Augen schließen
Atem trägt

.

.

.

lebensfühl webende Seele

müdende Augen

raumender Tod

loslassen
in
unermesslich tiefes Fallen

fernendes
Leben

nahender
Frieden

vertraute Liebkosung
in
fallende Enden

                              fingernde Seelenhände
                    & sanftende Lebenswärme
          flüstern
Simon, mein Simon
                    mehr Gedanke denn laut Gesprochenes
ich brauche dich. du bleibst mein

nachtschafter Leiden
wirft
in
neues Leben

samender Begierdenfraß
eizellendes Empfangen

Menschentier

wild schnaufend
schaffend
den
einen
Teil
unauslöschlicher
Liebe

&
in
Warten
ertrinkend   der Andere

ÜBERGÄNGE

der Flur eines Krankenhauses
Empfang
      gehen Sie bitte in Raum 1845, Herr Brand

merkwürdiger Gang

ein Freund
bekannt
ein Unästeht   Begleitung

1845
ein Zimmer ohne Fenster
ein Hochbett ein Tisch ein Stuhl eine Lampe

      warum warten?
antwortlos
draußen treibt es emsig

eine alte Frau   ihre grauen Haare gerollter Bienenstock
tippelt
langsam
setzt sich
auf den Stuhl
an den Tisch
die Lampe klick an
      der Eros hat Sie einweisen lassen
Simon
      ja, ich weiß auch warum. aber ich brauche keine Hilfe
      Sie brauchen Hilfe
Stiftgriff
der Freund grinst blöd & masturbiert
sie notiert

Simon
> *ich werde nicht bleiben*
> *nein, das werden Sie nicht*

lächeln aufstehen hinaus tippeln
der Freund grinst blöd & spritzt ab
Simon kippt

    .

      .

        .

          die Finger des alten Mannes gleiten langsam

                        .

                        .

                        .

                    Simons
                    Augen
                    muntern

starrender Freund
> *hast du geschlafen?*
> *scheint so*

tippeln rückt kehr
setzen
starren

Geistesringen

sie lächelt
Simon auf einem Stuhl
> *Sie können mir nicht helfen*
> *wohl nicht. aber ich sehe Licht,*
> *wo andere nur Dunkelheit erkennen*

drohende Drohung

                              helfende Hilfe

                        helfende Drohung

drohende Hilfe

sie stößt die Lampe in seine Augen

Simons Blinzeln spürt Schwere

        stehen Sie doch auf & gehen Sie

kaltes Lachen

Augen kleistern

        ja, schlafen Sie. träumen Sie!

LEGENDEN I
ZEUGNIS - WIE GUNG OHNE UNG MIT NIS

Simons Vater verließ die Wohnung
& drehte den Schlüssel zweimal im Schloss
ein guter Abend
                 sein Gang sein Gemüt sein Hut auf dem Kopf
pfeifend zog er davon
Marie abzuholen
seine Marie
dieser wundervolle Bursche hatte ihm einen Tanz versprochen
er tanzte nicht gern aber für sie tat er alles
                       kühle Nacht auf seiner Haut
               Marie wartete
phantastisch in diesem Kleid
Simons Vater rückte ihr die Krawatte zurecht & küsste ihn
seine Lippen sogen sich fest
händegreifen
                   auf zur alten Kussmund-Bar
                   jazziges Klavierklimpern
                  kreischendes Trompetenblasen
                   summender Rumpelbass
sie schwebten durchs Lokal
Simons Vater hatte nur Augen für sie
sie schlug sie immer so betörend auf
                             ein weiterer Kuss
                       verlorene Zungen im Swing
                               Abgang

er presste ihn gegen die Tür während sie den Schlüssel suchte
                           Einlass
                     nackt
           ungeschütztes Kissengleiten

ihre Hände rissen seine Haut auf
krallten Gier in jedem Stöhnen

.

.

.

die Geilheit des alten Mannes wächst
Nägel ritzen Zeichen fremder Gier
Hände packen hart wie Stahl

.

.

.

sie rauschten ineinander
&
Marie atmete überrascht auf
von der Stärke seiner Jugend

er nahm ihn hart
leidenschaftslos
& sanft
voller Liebe
er wollte sie tief in sich
ihr Armkuss wildete
er wurde enger
sie ritten schneller
Simons Vater riss ihren Kopf zurück & spritzte ab
während sie ihren Samen zwischen ihnen verteilte

schöpfes Auseinanderrutschen

starren
weißer Saft floss an ihr hinab
sie grub ihn mit den Fingern tief in sich

lächeln
geschehen
beide ahnten schwanger

Simons Vater griff nach dem Tuch unter dem Kissen
wischte sich ab

ein letzter Kuss

kein Abschied denn schon türnah kam das Kotzen
er rotzte alles in ihren Vorgarten & verschwand in der Nacht

leb wohl, Marie, wir sehen uns nicht wieder

LEGENDEN II
ZWISCHENWEHEN

geboren im Nichts
& in Tatsachen geworfen
deren Boden erst geebnet werden sollte
wobei letztere sich klar darstellten
tatsächlich hingen die Sachen der Tat sogar sauber
auf einer Leine
er griff danach
& zog sie über
so konnte er zur Arbeit gehen
der alte Tatsachenverdreher

Sie haben also die Menschheit ausgelöscht
stellte er ohne Vorwurf fest

es könnte aber auch ein Unfall gewesen sein
erwiderte Mutter Natur langsam
sicher bin ich mir da nicht
sie nagte nervös an ihren Fingernägeln

wie können Sie sich da nicht sicher sein gibt es noch
Menschen

nein

dann haben Sie sie ausgelöscht

oh je
sie klang ehrlich betroffen

wie konnte das denn geschehen

ach wissen Sie
ich fühlte mich an diesem Tag unheimlich heiß
die Menschen nannten es
glaube ich
Klimaerwärmung
sie hielt einen Moment inne & lächelte
sie haben mich immer im Auge behalten
die Menschen
in guten & in schlechten Zeiten

hat Ihnen das imponiert

natürlich
wer möchte nicht gern
eine solche Aufmerksamkeit bekommen

& nun ist niemand mehr da der sie beachtet

ich weiß
sie schluckte
& presste eine Träne
aus ihren grünen Augen

kommen wir zurück zu den Tatsachen
Sie fühlten sich also heiß

ja
ich war unglaublich heiß an diesem Tag
denn ich wollte dass die Menschen mich wahrnehmen

taten sie das in letzter Zeit nicht mehr so oft

oh doch

aber sie wollten die Klimaerwärmung bekämpfen

& Ihnen damit die Schau stehlen

so könnte man es sagen

& das hat Sie

wahnsinnig wütend gemacht
das können Sie sich nicht vorstellen

& Sie taten daraufhin
was

na ich wurde noch heißer

Sie wurden noch heißer

ich wurde noch heißer

Folgen

sie räusperte sich
Millionen Tote

wie das

ich habe alles um den Äquator herum versengt

eine Tragödie

Sie sagen es
& es tat mir auch ehrlich leid

was haben Sie dann getan

> *ich wollte natürlich helfen*
> *also goss ich all meine Tränen über die Menschheit*

waren es viele Tränen

> *sehr viele Tränen*

wie viele Tränen

> *zu viele Tränen*
> verlegen scharrte sie mit dem Fuß auf dem Teppich

Sie haben sie doch nicht etwa

> *doch*

alle

> *alle*

alle
ertrunken
wie konnten Sie nur

> *es war ein Unfall*

das war es wohl kaum

> *doch*
> *jedenfalls so ein bisschen*

also schön
seufzte er
vor wem müssen Sie sich rechtfertigen

vor mir selbst

& wie urteilen Sie

natürlich nicht schuldig

gut
dann wäre die Sache damit in der Tat abgeschlossen
Sie können gehen

frei verließ Mutter Natur sein Büro
neue Menschen zu züchten

ANKUNFT

ein
neuer
Mensch

&
seine
Blicke
seine
Himmel
          ohne
    Gott

    nur
        der
            Sonne
                Strahlen
                    lichtende Wege
                        sein Leben
                            ein Gleiten
                                in
                                der
                                Zeit

in
goldenem
Wagen
die Strahlen hinauf
                                        Wärme
Feuchte auf kleinen Händen
ein Zuhause
            fern von jedem Ort aller Heimat
                        nur lichtes er

.

.

.

in seinen Rücken drückt der alte Bauch Kuhlen

        Bein kratzt über junges Fleisch

   .

 .

.

  erster Sonnenblick
  ein Verlieben

Wollen
steht
das
Kennenlernen
Zehen
recken
himmelsnah zu armen

        doch junge Ärmchen reichen nicht

zu
nahen
wächst
das
Baumhaus
hoch

    Schlaf

Sonnenzärte

     rot-orange

kichernde
Morgenluft
wächst
hinein
in
die
weite
      weite
Welt
         sein Spielplatz
         behütet vom Licht
                  tollend durchs Land

WACHSEN

das Kind wächst

       ein Knirps im Gras

       ein Junge im Wald

       ein halber Mann

            in

            der

            Welt

& auch die Spiele härten

       erst gegen das Gras

       dann gegen die Bäume

       schließlich gegen sich selbst

denn Fühlen dringt nur

       im Kampf gegen Gräser

       im Aufstand gegen Bäume

       im Schmerz der blutenden Wunde

wer

  er

  & warum

wartende

Antwort

flehend

zugesichtet der Sonne Glanz

       & milder Schein namt

               Simon

Simon
lippendes flüstern
Simon
flüsternde Strahlen lichten & tanzen seiner Nase Spitze
rennen

.

.

.

.

atmen

atmen

.

.

.

Stein bricht Wege
& in stürze Fühlen tieft sein Kopf
Gras
säuft
junges
Blut

es flüstert

brich den Stein was siehst du mich den Stein brechend
ich den Stein er bricht darin mich der Stein bricht mich
& ich trinke dich - du findest mich

Wollen
&
Suchen
      wachsen
      wecken
Simon
      Name & Berufung   Leben & Tod
                      Simon

er

ist

wer

SUCHEN

stürmender Simon
unter
schwarzen
Himmeln
&
blauen
Sonnen   weltenweit

Sekunden   d   e   h   n   e   n   d   e   Tage

Räume
                    spannen
                                        Raum   allbekannte
                                                 Welten
                                                 in
                                                 sich
                                                 doch
                                                 nirgendwo
                                                 der
                                                 eine
                                                 fremde
                                                 Ort
                                                 wartender
                                                 Antworten
                                                 wogend
                                                 auf   warum

                              er
                              ist
                              wer   warum

der
Kopf
zerbricht
&
Schlaf
müdet
das
junge
Ross

.

.

.

stöhnen schnaufen

.

.

.

Simon
fällt
ins
Weich

Traumbeginn

er war da
greifbar
                    tock tock tock klopf Kopf
er strich durch die Farben
er tanzte Luft
                    tock tock tock klopf Kopf
Simon wirbelte herum
überall wähnte er ihn nirgendwo sah er ihn
er griff nach Simon
eine Liebkosung

Warten lag in der Luft
Wünschen lag in der Luft
Sehnen wogte Simon entgegen
                      tock tock tock klopf Kopf
er ging vorbei
Simon lief los doch alles Nahen fernte es zog ihn fort er wehrte
krallte doch nichts drehte wo war Wollen er wollte er wollte
er wollte ihn
der Weg nahm Abschied
er flimmerte weit
Simon saß allein im Nest
Wärme hing im Ei
                      tock tock tock klopf Kopf
das Ei zerschellte am Meer
er lachte laut
er lachte Simon kauz
Simon war ein Vögelchen
er fütterte seine Seele
er fütterte ihn frei
in seinem Käfig eingesperrt auf einer Schaukel tirili
Simon sang ihm tirili tschipi tschi tschi tschi im Sonnenlicht
er lachte
er fernte ein Vogel trug ihn flug
                      tock tock tock klopf Kopf
Simon fiel
padauz
das Marmorherz zersprang ihm Puzzle
Simon kniete suchte legte stückelte stück stück stück sich Herz
padum
es schlug
padum
der Marmor schlug
padum padum padum dum dumm war er im Kopf

nichts drehte die Welt alles war
was suchte er nach allem das nicht war
armen küssen lachen
    ach Simon, mein Simon
graue Unendlichkeiten kasteten Simon er trommelte dagegen
er trat er schrie da wankten ihm die Wände winke Huldigung
& er neigte sich großherz ihrer Demut
        tock tock tock klopf Kopf
Simon fiel in dunkle Nacht
sein Herz schlug Angst
padum
    Simon. suche mich, finde mich, liebe mich
    suche mich, finde mich, liebe mich. - ich sehne dich,
    Simon
padum

ednemuarT

        Simon schnellt
            sein
             Atem
                Hauch

              ein
              Warten
              in
              der
              Welt
              nah
              seinem
              Suchen

EROS

Gras
umschmeichelt
Simons
Schlaf
    es wächst empor
        bedeckt den Leib
           rankt über Brust & Bauch
      windend Arm & Bein
           kriecht über Hals & Kopf
              eine
              grüne
              Silhouette
              im
              Grünen

           Simon
        wächst
      nach
      innen
           Simon
             sinkt
               in
             Weltenfremde
           Simon
        fällt
      in
    wache
Zeiten

ungekannte
Unendlichkeiten
offenbaren
sich
er
treibt in ihnen

ein
      Pfad

           zwischen
   den

Welten

       wie   ewiger
            ein   Fluss

              Sterne
            schwelgen

     hallen   stahlen
            nebeln

Simon
atmet
Wissen
entfernt
von
allem
Leben   nahende Heimat

ewiges   trägt   fort

          Gleiten   ihn

                  Sterne

                  flocken

       schwarz   strahlen

               Sonnenkuss

                 den

                 Weg

                entlang

                 ruft

                Liebe

                nach

ufernahes

Wachen

plätschert

Simon

blinzeln

   zarte Was

        s

          e

            r

             f

             ä

             l

              l

             e

              tropfen reißend in einen dunklen See

                          Nass

                          umspült

                          sanft

                          sein

                          Bein

Nächte
über dem Himmel verlieren sich im Licht des Tages
Grün
ebnet weich das Tal
Atem der Welt luftet
&
Sterne
umsonnen
die
Schwirre
über
dem
Rand
des
umgebenden
Gebirges
wärmender
Tag
in
kühler
Nacht
schmeichelt
dem
aufenden
Simon

.

.

.

Bewegung dreht bäuchlings

.

.

.

plötzliches Ahnen krümmt das Rückgrat

Schmerz
sinkt
in
die
Knie
neigt
den
Kopf
zu
Boden
berührt
das
Wasser
mit
der
Hand

Fühlen   schlägt   Explosionen   in   Simon

Sehnen
dringt
in
Fingerspitzen
Liebe
durchfernt
sein
Ich

      Simon watet in den See

Falltropfen
tanzen
Freude
seiner
Haut
waten
tiefer & tiefer

bis
schwarzer
Abgrund
alles
Nahen
steht

      dunkle Unermesslichkeiten fernen den Grund
          Simon blickt die Tiefe

Stille
     wo
flüsternder Simon
     wo
flüsterndes Es
lauschen
nichts

        baumwipfelkrall kriecht die Sonne Vorsicht

    bitte
flehender Simon
    bitte
erwiderndes Es
     & kalte Schauer krampfen seinen Leib in Leiden
           .

         .

     .

      der Wal rutscht auf das junge Ross

      .

      .

       .

      Hände packen Simon
      & kühler Körper drängt in Nähe
      fontänt wasserfern empor
      wirbelt Luft & landet Simon weich

zerrende Qualen hallen in ihm nach

.

.

.

atmen

.

.

.

Flötenklang

        naht ruhig

              Töne

      Melodien

        spülen durch den Schmerz

        & kriechen Simon seelenatemfrei

wirr

sucht

sein

Blick

    vor

    ihm

    auf

    einem

    Stein   der Andere

                die Flöte spielend

       tanzen

          Wassertropfen

       diamanten   zarte

          Haut

      & troffes Haar ahnt lichte Schönlichkeiten

Simon
sichtet
vor
der Andere naht trauen

                                                            nackt
                                                    erscheint
                                        bewegender
                                Muskeln
                        Tanz
                &
                Schönheit
        aller
Frauen
        Kraft
                aller
        Männer
bannen
Simon

        Simon, mein Simon
jedes Wort ein Gedicht
seine Stimme eine Symphonie
        wer?
Simons Hauch
        dein mein unser wir
profant die Antwort

                        Schmerz & Übelkeit
                            wogen
                            Simon
                            fällt

.
.
.

ungestümes Wiehern kalter Widerstände hallt innerlos
Hand hält Maul
feuchtes Geifern streift die Flanke
.

.

.

starke Arme fangen & halten in Liebe nah
fremder Herzschlag Widerhall
Simons
Augen
schwachen
letzte
Frage *warum?*
darum!
& starke Arme schlingen lächelnd Simons Leib
Lust strömt aus der fremden Hand
Verlangen liegt in jedem Hauch
.

.

.

atmen
.

.

.

suchen nach dem Anderen
Hände fingern feuchtes Haar
& packen fleische Kraft
sie stehen steil
sie lippen einander
& Simon ertrinkt in seinem Kuss

.

.

.

atmen

.

.

.

Arm schlingt Arm & Bein schlingt Bein

hüllenloses Ineinanderströmen

ringen
ranken
sie
klingen
einander
so
nah
fühlen
lusten
stöhnen
stilles
Beieinander
in
Innigkeit

.

.

.

atmen

.

.

.

lieben in der Ewigkeit

Zeiten
ziehen
einsame
Runden
leben
zehn
Leben
sterben
zehn
Tode
sinken
im
Schweiß
zu
Boden

in Simon hallen Nächte nach

der Andere schlägt Tage

ENDEN

Simon

    langsamt

        Schritt

           den

               nachten

                  See

                 Sterne

         Sterne   Sterne

   Sterne   Sterne   Sterne

     Sterne   Sterne

Sterne   Sterne   Sterne   Sterne

     Sterne   Sterne   Sterne

       Sterne   Sterne

                 Sterne

                salzige

            Leidenschaften

         wassern von der Haut

                   &

       kühlen seinen heißen Leib

Sterne winden

                  wer

                   &

               warum

               dringen

             hindurch

                  &

                leben

             sehnende

             Antwort

                  in

             Simon

Sterne winden Kreise

er

gleitet

den See

schließt

die Augen

lächelt

still

baden

in

Vergangenem

Sterne kreisen

was

wird

nun

er ist ein Mensch

was

wird

nun

er ist Antwort

Sterne strudeln

der

See

dreht

sich

selbst

Simon ängstet seine Arme rudern Hilfe

.

　　　　　.

　　　　　　.

Schmerz reißt der Schweif

　　　　　　　　　　.

　　　　　　　　　　　.

　　　　　　　　　　　　　.

der Andere steht das Ufer

Blicke tränen
keine Hand
streckt
Simon
nah
　　　er
　　　　geht

Ahnungen
wenden
in
Simon
branden
Einsamkeiten
　　　.

　　　　.

　　　　　.

Zunge
　　　schmeckt
　　　　　Lederhäute

　　　　　.

　　　　　.

　　　　　.

                                    Strudel
                                    gründen
                                    ab
                                    den
                                    Riss

                          Sehnen
                          fernt

                                    es
                                    schnellert
                                    die
                                    hetze Welt
                          Simon
                                    .
                        .
                    .
        ATMEN
            .
        .
    .
kein
Stern
kein
Strahl
nur
Simon
&
das
schwarze
Nichts

.

.

.

kein Ton entrinnt nur Tränen blinden

.

.

.

im

Nirgendwo

simont

leises

Wanken

nicht

wer   oder   warum

er
ist
        nicht mehr

.

.

.

Rhythmus
atmen
        Rhythmus
atmen

.

.

.

                                lichtloses Allein
                                fühlloser Simon
                                          kennt sich nicht
                                & alles fremded

fingernde Blicke
                                suchen

hörendes Ahnen
                                suchen

schmeckendes Fassen
                                suchen

sein Leib entseelt
die Hülle windet   suchen

                                          .

                                     .

                                          .

                                verloren galoppiert
                das junge Ross in weißem Linnen
            Ketten zerrt der Wal
        atmen
            Rhythmus
        atmen
            Rhythmus
die Hatz zersprengt das Fohlen

                                .

                        .

              .

        das Herz stockt ihm
                                padum
                                          & still
                                          still
                                          Stille
                                          trinkt den letzten Atem

Simon

Brand

stirbt

.

.

.

&

ein letztes Mal schlägt der Samen des alten Mannes

infektiös

ein

der Hülle letztes Sterben beginnt

der

Junge

Simon Brand

aber

ist

.

.   .   .   .   .

.

.

.

war.

NACHWORT

Die zweite Auflage der „Traumatologie" ist in ihrer Textstruktur nur marginal verändert. Dies war notwendig, um die Form an die neue Schrift und die neue Randgröße anzupassen. Ansonsten wurden keine Änderungen vorgenommen.

Dieses Nachwort möchte eine kleine Verständnishilfe bieten und den Zugang zum Text etwas erleichtern. Deshalb lädt es dazu ein, die Entstehung eines Kapitels nachzuvollziehen.

Im Vorwort heißt es:

Mit dem Ende dieses Textes endet eine Suche nach Form

&

so konnte alles nur geschrieben werden
wie es geschrieben wurde.

Dieser Satz ist wahr.

Und doch müssen sich die Lesenden bewusst sein, dass die fertige Form auf einem langen Bearbeitungsprozess fußt, der verschiedene Textversionen umfasste.

Die „Traumatologie" bestand ursprünglich aus Fragmenten, die unabhängig voneinander geschrieben wurden. In einer Zusammenschau dieser mehr oder weniger kurzen Texte ergab sich plötzlich eine Verbindung. Es war das Traumhafte, das jedem einzelnen Stück innewohnte, und es war das Schmerzhafte, das sie miteinander verband.

Dieser ‚schmerzhafte' Faden, der sich um jedes Fragment zieht, manifestierte sich schließlich in einem eigenständigen Geschehen, das sich zwischen die traumhaften Elemente schob. Es entstanden zwei Räume, die beide fiktiv, also ausgedacht sind. Und doch ringen beide miteinander um die größere Nähe zur fiktiven Realität. Was Traum und was, in welcher Sphäre auch immer, real ist, gilt es herauszufinden. Es bietet einen ersten Hinweis für das Verstehen des Textes.

Das Kapitel „Ankunft" war in seiner ursprünglichen Form Teil eines kurzen Prosatextes und sah folgendermaßen aus:

Neu bin ich. Wenn ich in den Himmel blicke, sehe ich keinen Gott. Nur die Strahlen der Sonne weisen mir einen Weg. Ein Gleiten durch die Zeit ist mein Leben & so gleite ich die Strahlen hinauf auf meinem Wagen. Wärme empfängt mich, Feuchtigkeit legt sich auf meine Hände. Es ist ein Zuhause so fern von jedem Ort, den ich bisher Heimat nannte. Hier gibt es sie nicht, die Explosionen, die Schreie, die wilden Menschen. Hier gibt es nur mich & die Zeit. Die Freiheit, die die Menschen als höchstes Gut preisen & der sie immer wieder neue Namen geben – hier ist sie wirkliche Ausgelebtheit.

Als ich das erste Mal die Sonne sah, verliebte ich mich. Dieses runde Gesichtchen mit den strahlenden Augen, das breite Lachen aus tiefstem Herzen. Ich musste sie einfach kennenlernen. Also reckte ich mich himmelsnah, sie zu armen. Doch meine kindlichen Ärmchen reichten nicht. Da baute ich mir ein Haus in einem Baum.

Jeden Morgen weckt mich nun die Sonne mit ihren wärmsten, rot-orangenen Strahlen. Erst zieht sie an meinem kleinen Zeh, dann streicht sie mein Bein hinauf, küsst meinen Bauchnabel & kitzelt mich schließlich an der Nase. Ich wiederum stehe jeden Morgen mit einem Kichern auf, wasche mich & hangle dann vom Baum hinunter, denn die weite, weite Welt ist mein Spielplatz. Behütet vom Licht, tolle ich übers Land.

Die Grundaussage dieses Ausschnitts blieb bis in die endgültige Fassung hinein erhalten. Die Form hingegen wurde an vielen Stellen aufgelöst oder zerschlagen.

Eine spätere Version liest sich heute noch wie eine Brücke zwischen Ursprungsfragment und Schlussfassung:

neu war er.

& seine Himmelsblicke schufen keinen Gott.

nur der Sonne Strahlen wiesen ihm Weg. & so war sein Leben ein Gleiten in der Zeit. er glitt die Strahlen hinauf in seinem goldenen Wagen.

Wärme empfing ihn, Feuchtigkeit legte sich auf seine Hände.

ein Zuhause so fern von jedem Ort, den er bisher Heimat nannte.

hier gab es nur ihn & das Licht.

.

.

.

in seinen Rücken drückt der alte Bauch Kuhlen.

Bein kratzt über junges Fleisch.

.

.

.

erster Sonnenblick. ein Verlieben.

er musste sie kennenlernen & reckte sich himmelsnah, sie zu armen.

doch seine kindlichen Ärmchen reichten nicht.

da baute er sich ein Haus in einem Baum & schlief.

die Sonne weckte ihn zärtlich in rot-orange.

er kicherte Morgenluft, wusch sich & hangelte hinunter in die weite, weite Welt.

sein Spielplatz.

behütet vom Licht, tollte er über das Land.

In dieser Variante hat sich bereits die zweite Ebene einge-schoben.

Die Satzstruktur und grammatische Regeln beginnen schein-bar, sich aufzulösen – und folgen doch einer inneren Logik.

Die Ich-Form des Fragments wandelt sich zu einer Er-Erzählung in lyrischen Tönen. Und doch ist die lyrische Struk-tur der letzten Fassung noch nicht gegeben. Die Zwischenver-sion bleibt dem Erzählerischen treu. Sie wagt ,förmlich' den Sprung in eine neue Gattung noch nicht.

Ausschlaggebend für die Richtung der weiteren Bearbeitung war der Einfluss des Dichters August Stramm.

Dieser 1915 verstorbene expressionistische Schriftsteller war ein Wortzertrümmerer. Er verknappte den Ausdruck, schuf durch ungewöhnliche Zusammensetzungen neue Wörter, verzichtete größtenteils auf Satzzeichen und folgte dabei doch zumeist grammatischen Regeln.

Zugleich eröffnete er durch diese sprachlichen Formen der Assoziation neue Räume. Er erschuf Gedichte, deren innerer Zusammenhalt aus der Vorstellung der Lesenden entsteht.

Um die hier versammelten Texte besser verstehen zu können, lohnt auch eine Beschäftigung mit der Lyrik und Dramatik August Stramms – sowie den bereits verfügbaren Deutungen.

Ganz grundsätzlich aber ist der beste Weg zum Verstehen, wenn man sich Zeit nimmt und den Worten Raum zur Entfaltung gibt. Fragen an den Text stellen – Was kann dieses Wort bedeuten? Welche mir vertraute Ursprungsform könnte es gehabt haben? – und dem Gefühl nachspüren, das hinter der Oberfläche steckt. Und schließlich: Lust auf Literatur haben.

Abschließend noch einmal die letztendliche Fassung dieser Ausgabe zum Vergleich mit den beiden Vorformen:

ANKUNFT

ein
neuer
Mensch

&
seine
Blicke
seine
Himmel
          ohne
     Gott

     nur
          der
               Sonne
                    Strahlen
                         lichtende Wege
                              sein Leben
                                   ein Gleiten
                                        in
                                        der
                                        Zeit

in
goldenem
Wagen
die Strahlen hinauf
                                             Wärme

Feuchte auf kleinen Händen
ein Zuhause
               fern von jedem Ort aller Heimat
                         nur lichtes er

.

.

.

in seinen Rücken drückt der alte Bauch Kuhlen

                Bein kratzt über junges Fleisch

           .

       .

    .

    erster Sonnenblick
    ein Verlieben

Wollen
steht
das
Kennenlernen
Zehen
recken
himmelsnah zu armen

            doch junge Ärmchen reichen nicht

zu
nahen
wächst
das
Baumhaus
hoch

       Schlaf

Sonnenzärte

        rot-orange

kichernde
Morgenluft
wächst
hinein
in
die
weite
       weite
Welt
           sein Spielplatz
           behütet vom Licht
                      tollend durchs Land

Von Michael Bahn ebenfalls bei BoD erhältlich:

Lyrik erleben

Eine Reise an den Rand des Gedichts und darüber hinaus
(2017)

Lesen Sie Gedichte?
Nein?
Aber das sollten Sie! Weil das Gedicht Ihnen ganz persönlich
etwas zu sagen hat. Und was das ist, möchte ich gemeinsam
mit Ihnen herausfinden.
Dazu begeben wir uns auf eine Reise. Sie und ich und das
Gedicht. Und am Ende dieser Reise werden Sie hoffentlich
sagen: Lyrik find' ich cool!
Doch bevor Sie zugreifen, lesen Sie bitte erst das Vorwort und
entscheiden Sie dann, ob Sie Zeit in sich und ein Gedicht
investieren möchten.

ISBN 978-3-7448-7276-8

Von Michael Bahn ebenfalls bei BoD erhältlich:

Die Theatrale Lyrikuntersuchung

Eine Projektmethode zur Transformation lyrischer Strukturen
in theatrales Spiel (2014)

In diesem Buch werden die theoretischen Grundlagen der
Theatralen Lyrikuntersuchung (TLU) vorgestellt, einem Ver-
fahren, das dazu auffordert, sich dem Gedicht aus einer
theatralen Perspektive zu nähern. Zur Aufgabe gestellt ist die
Umwandlung des Textes in theatrales Spiel, wobei nicht allein
inhaltliche, sondern vordergründig auch strukturelle Aspekte
transformiert werden sollen. Dadurch vereint die TLU sowohl
das analytisch-textnahe als auch das assoziativ-rezeptionsästhe-
tische Lesen in sich und fordert zur Reflexion der eigenen
Wahrnehmung auf. An ausgewählten Beispielen zur Lyrik
August Stramms werden die Besonderheiten und Schwierig-
keiten aufgezeigt, die bei der Anwendung auftreten können.

ISBN 978-3-7386-0042-1

Bibliographische Information der Deutschen Nationalbibliothek

Die Deutsche Nationalbibliothek verzeichnet diese Publikation in der Deutschen Nationalbibliographie; detaillierte bibliographische Daten sind im Internet über dnb.d-nb.de abrufbar.

Covergestaltung: Ronny Kutter

Herstellung und Verlag: BoD – Books on Demand, Norderstedt

Printed in Germany

ISBN: 978-3-8482-5973-1